RATUS POCHE

COLLECTION DIRIGÉE PAR JEANINE ET JEAN GUION

❧

Francette top secrète
Justin à la folie

Francette top secrète

© Hatier Paris 2011, ISSN 1259 4652, ISBN 978-2-218-95298-2

Francette top secrète

Justin
à la folie

Une histoire de Catherine Kalengula
illustrée par Isabelle Maroger

Hatier
jeunesse

Dans la famille de Francette, tout le monde est agent secret : son père, sa mère et même sa grand-mère ! Mais la plus douée de tous, c'est bien Francette top secrète…

Les personnages de l'histoire

1

Aujourd'hui, ma mamie a trouvé une idée du tonnerre : on a trié ses gadgets top secrets. Certains sont très rigolos. Il y a une mini-moto qui tient dans un sac à dos, et des stylos lasers à gogo ! Mais je préfère les bonbons au piment. Pratique pour les brigands trop gourmands ! Notre travail terminé, Mamie m'emmène dans sa voiture d'agent secret. À l'intérieur, il y a plein de boutons. Certains peuvent lancer des fusées ! Attention de ne pas y toucher. Nous nous garons près d'un magasin de

Où Mamie emmène-t-elle Francette ?

disques. Mamie a un drôle de sourire :

– Francette chérie, tu m'as bien aidée. Pour te récompenser, j'ai décidé de te faire une grosse surprise. À l'intérieur de ce magasin, il y a ton chanteur préféré. Tu sais, le jeune avec une casquette. Colin Rognon ? Ah non, c'est Justin Mignon !

Je suis folle de joie ! Nous sortons de la voiture. Devant l'entrée du magasin, ma mamie me donne de l'argent pour acheter un disque de Justin Mignon, puis elle chuchote à mon oreille :

– Francette, j'ai aussi une petite mission dans le quartier. Je peux te laisser ?

Je souris à ma mamie. C'est juste une dédicace. Il ne peut rien arriver !

2

J'entre dans le magasin, tout excitée. [5]
Justin Mignon a beaucoup de fans et je [6]
dois faire la queue. Tout à coup, j'entends
une voix, loin derrière moi :

— Ouh ouh, Francette, c'est moi !

Ah non, c'est Alix, le champion des pots
de colle ! Il m'agace, celui-là ! Le vigile lui [7]
fait signe de se taire. Alix se met à trembler
de la tête aux pieds.

— Pardon, monsieur. J'arrête de crier…

Avec son costume et ses lunettes noires,
le vigile n'a pas l'air commode. Comme il

est tout près, je l'entends ronchonner.

– Grrr, je déteste travailler le samedi, et je déteste aussi les fans qui crient !

Devant moi, un garçon accompagne une fille avec un chat en peluche.

– J'en ai assez, Nina ! Moi, je voulais aller voir le match de foot avec Papa. Pas ton Justin Mignon à la noix !

Il y a encore beaucoup de monde à passer, et j'attends pendant une heure. J'ai chaud et j'ai mal aux pieds, mais mon tour va bientôt arriver. La petite fille devant moi tend son disque à Justin. Il écrit sur la pochette :

« Pour Tina, avec de gros bisous, de la part de Justin Mignon ».

Quel objet a été volé ?

Voilà, c'est mon tour ! Moi, je vais faire attention à bien épeler mon nom. Aucune envie qu'il m'appelle Josette ! Mon disque à la main, je souris jusqu'aux oreilles, quand soudain, Justin Mignon s'écrie :

– Au voleur ! On a volé ma casquette porte-bonheur ! Je l'avais posée sur la table, et elle a disparu.

C'est bien connu : sans sa casquette, Justin Mignon ne peut pas chanter. Et ça, je ne veux même pas y penser !

La police ne va pas se déplacer pour une casquette volée. À moi de m'en occuper !

3

Justin s'affole et court partout dans le magasin. Ni vu, ni connu, je me mets à enquêter. Je commence par la table, où était posée la casquette, juste à côté d'une pile de photos. Je me glisse à quatre pattes sous la nappe, à la recherche d'indices. 9 Rien ! Soudain, j'entends :

– Coucou Francette, je parie que tu cherches la casquette de Justin Mignon.

Oh non, voilà Alix, le pipelet ! Il ne doit 10 jamais savoir que je suis un agent secret.

– Tu dis n'importe quoi ! J'ai perdu ma

barrette. Tiens, ça y est, je l'ai retrouvée !

Pendant ce temps, le vigile fouille les fans. Et si c'était lui, le voleur ? Il n'avait pas l'air heureux de travailler. Et lui, personne ne va le fouiller. Enfin, presque personne… Quand il va aux toilettes, je marche sans bruit derrière lui. Il a disparu derrière une porte. J'aperçois sa veste sur un lavabo. Mais s'il me surprend ? Dans un coin, il y a un chariot de ménage. Et hop, je bloque la porte avec ! Comme ça, je peux fouiller la veste sans me presser. Mais Alix m'a suivie !

– Francette, tu fais quoi ?

– Chut, Alix, tais-toi !

– Dis-moi, Francette, pourquoi tu fais

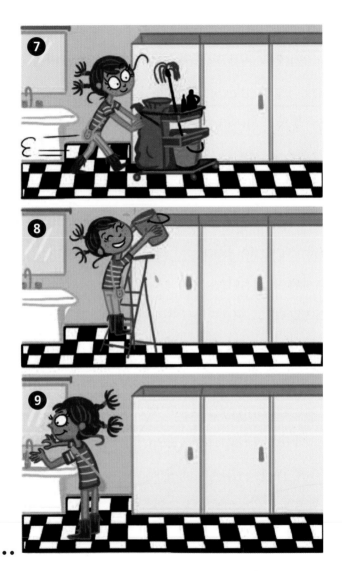

Que fait Francette dans l'histoire ?

toujours des trucs bizarres ? T'es pas agent secret, par hasard ?

On entend le bruit de la chasse d'eau. Le vigile se met à secouer la porte.

Alix va enlever le chariot. Moi, je file rapido ! J'entends des cris derrière moi :

– Encore toi, petit garnement ? Je vais te tirer les oreilles !

Alix a juste le temps de filer à son tour. Le vigile court derrière lui dans le couloir, et moi, je ris ! Pourtant, ma mission n'est pas finie. Dans les poches de la veste, il y avait un bout de sandwich, une photo de sa maman et un vieux doudou troué. Mais pas de casquette !

Je me suis trompée.

Que trouve Francette dans la veste du vigile ?

4

Le magasin se vide petit à petit. Pauvre Justin ! Il reste tout seul dans un coin. Je dois retrouver le voleur, et vite !

Nina et son frère sont toujours là. Je m'approche, les oreilles grandes ouvertes. Le frère regarde son téléphone et grogne :

– Le match n'est pas terminé. Il faut attendre Papa ! On va encore rester une heure ici ! Quel après-midi pourri !

Quand le vigile revient, le frère de Nina rougit. Et je trouve ça bizarre, ah ça oui !

– Euh Nina, je vais me promener un

13

Que se passe-t-il dans le magasin ?

peu dans le magasin. Reste ici, d'accord ?

Mon petit doigt me dit que ce garçon cache un secret. Peut-être une certaine casquette volée ? D'ailleurs, il est un peu gros, son sac à dos. Je me mets à le suivre dans les rayons. Il regarde les disques. Mais il fait semblant, à mon avis ! Il observe surtout si le vigile est parti.

— Francette, tu fais quoi ? Encore un truc bizarre ? Dis, t'es un agent secret ?

Ah non, encore Alix ! J'en ai assez !

— La seule chose bizarre ici, c'est toi !

Ouf, j'ai gagné, il part bouder. Enfin débarrassée ! Je me cache sous le présentoir et le secoue pour faire tomber les disques. Quel vacarme ! Le frère de Nina n'a pas le

Qu'a pris le frère de Nina ?

temps de fuir. Le vigile arrive aussitôt, attiré par le bruit :

– C'est toi qui as fait ça ? Eh, mais je ne t'ai pas fouillé ! Donne-moi ton sac à dos, et plus vite que ça !

De ma cachette, je peux les espionner. Le frère de Nina est tout rouge. Il voudrait bien pouvoir se cacher, surtout quand le vigile se met à crier :

– Dis donc, petit voleur !

Mais le vigile a juste trouvé un gros paquet de photos de Justin Mignon. Le frère de Nina pleure comme un bébé :

– Il les avait laissées sur la table. Mais je n'ai pas volé sa casquette !

5

Je déteste rater une mission. Pauvre Justin ! Le voleur ne doit vraiment pas aimer ses chansons. Ou alors, c'est tout le contraire ! Le frère de Nina est toujours avec le vigile. Je vais voir sa sœur et lui offre un bonbon :

— Prends-en un, ils sont très bons !

Nina l'avale aussitôt. Une seconde plus tard, elle devient rouge comme une tomate.

— Aaaah, mais il y a quoi dedans ?

— Euh, du piment, je crois…

Ce matin, en rangeant les gadgets top secrets, j'avais gardé un bonbon de ma mamie. On ne sait jamais ! Nina se tord dans tous les sens et moi, j'attrape son chat en peluche. Je m'en doutais : c'est un sac, et pas un jouet ! Nina était un peu trop grande pour avoir un doudou. À l'intérieur, je retrouve la casquette de Justin. Nina a écrit dessus : « Pour Justin Trognon, sans bisous du tout, de la part de Nina (et pas Tina !) ».

L'agent de sécurité est arrivé avec une bouteille d'eau. Nina boit sans s'arrêter, avant de tout avouer :

– Je rêvais d'avoir une dédicace de Justin. Et cette andouille se trompe de

Qui a volé la casquette du chanteur ?

nom ! Je voulais me venger.

Justin Mignon a retrouvé sa casquette. Elle est barbouillée, et il faudra la laver. Mais il est heureux quand même.

Oh là là, il vient dans ma direction !

– Sans toi, je ne pouvais plus chanter. Quelle est ta chanson préférée ?

Je lui souffle la réponse à l'oreille. Aussitôt, Justin se met à chanter pour moi. Je suis sur un nuage. Mais quelqu'un vient me déranger : Alix !

– Francette, je suis sûr que tu as un secret. Un jour, je vais le trouver.

Le vigile lui lance un regard noir, et Alix se tait. Enfin !

Ah, quelle belle journée !

1
des **gadgets**
(gad-jè.t')
Petits objets rigolos
utilisés par
la mamie
de Francette pour
ses missions.

2
à **gogo**
Beaucoup.

3
du **piment**
Épice forte et très
piquante.

4
des **brigands**
Des bandits.

5
tout excitée
Francette est très,
très contente.

6
des **fans** *(fa.n')*
Des gens qui
adorent le chanteur.

7
le **vigile**
Personne qui
surveille le magasin.

8
ronchonner
Grogner parce
qu'on n'est pas
content.

9
des **indices**
Ce que le voleur
laisse et qui peut
permettre de
le retrouver.

10
un **pipelet**
Personne qui parle
beaucoup.

11
je **bloque** la porte
Francette met
le chariot pour
empêcher la porte
de s'ouvrir.

12
un **garnement**
Un enfant qui fait
des bêtises.

13
un après-midi
pourri
Le frère de Nina
passe un très
mauvais après-midi.

14
espionner
Surveiller quelqu'un
en cachette.

15
une **dédicace**
Le petit mot gentil
que Justin écrit
pour faire plaisir
à un fan.

Les aventures du rat vert

Super-Mamie et la forêt interdite

Les histoires de toujours

Ralette, drôle de chipie

L'école de Mme Bégonia

La classe de 6ᵉ

Conception graphique couverture : Pouty Design
Conception graphique intérieur : Jean Yves Grall • mise en page : Atelier JMH

Imprimé en France par Pollina, 84500 Luçon - n° L57600
Dépôt légal n° 95298-2/01 - août 2011